KB172328

국립경주박물관 신라 문화유산 시리즈

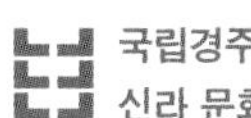

국립경주박물관
신라 문화유산 시리즈 ①

Silla Heritage

신라를 담은 타임캡슐

천마총 금관

이한상 지음

국립경주박물관 × 틈새책방

일러두기

- 내용 이해를 돕기 위해 책 마지막에 '용어 해설' 꼭지를 따로 마련했습니다. 본문 단어 중 어깨 위에 '♣'가 보이면, '용어 해설' 페이지를 펴 보세요. 자세한 설명이 나와 있습니다.

- QR 코드를 스캔하면 국립경주박물관 신라학 강좌 '천마총 금관의 비밀을 풀다' 강연을 들을 수 있습니다.

천마총 금관 정면.

천마총 금관 측면.

천마총 금관의 나뭇가지 장식 뒷면.

천마총 금관의 사슴뿔 모양 장식 뒷면.

차례

들어가는 말

'신라'를 생각하면 황금빛 찬란한 금관의 이미지가 떠오릅니다. 그만큼 신라 금관은 우리에게 친근하고 잘 알려진 유물이지요. 신라는 삼국 시대 여러 나라 가운데서도 가장 화려한 황금 문화를 꽃피웠습니다. 귀걸이, 팔찌, 반지는 물론이고 방울이나 장식 보검, 금으로 만든 그릇까지, 신라의 황금 유물은 종류도 정말 다양합니다. 마립간*이 다스리던 5세기 초에서 진흥왕이 즉위하는 6세기 전반까지가 신라 황금 문화의 전성기였습니다. 이렇게 오늘날까지 많은 금제 유물이 전해질 수 있는 까닭은 무덤에 많은 물품을 넣어 주는 풍습과 돌무지 나무덧널 무덤(적석목곽묘積石木槨墓)*이라는 특이한 무덤 구조 덕분입니다. '돌무지*

나무덧널* 무덤'이란 기원후 400년부터 550년 사이에 신라에서 유행한 무덤 구조인데, 무덤 주인공이 묻힌 나무덧널 주위에 사람 머리 크기의 돌을 쌓고, 그 위에 봉분을 만든 무덤을 말합니다.

신라의 황금 유물 가운데에서도 가장 유명한 것이 바로 금관입니다. 금관은 우리나라를 대표하는 문화재일 뿐 아니라 가장 신라적인 유물이기도 합니다. 나뭇가지나 사슴뿔 같은 이색적인 모양과 구부러진 옥을 주렁주렁 매단 장식에서 신비로운 느낌이 물씬 배어나지요. 비슷한 시기의 고구려, 백제, 가야 유물에서는 발견되지 않는 특이한 모양입니다. 사실 신라의 금관은 세계적으로도 찾아보기 힘든 독특한 형태와 장식을 갖추고 있습니다.

현재까지 발견된 신라 금관은 총 여섯 점입니다. 금령총, 황남대총에서 발견된 금관 두 점은 국립중앙박물관에서, 금관총, 교동, 천마총의 금관 세 점은 국립경주박물관에서, 서봉총의 금관은 국립청주박물관에서 소장하고 있습니다. 경주박물관이 소장한 금관 중에서도 천마총에서 출토된 금관은 해방 이후 우리 손으로 발굴한 첫 사례여서 의미가 깊습니다. 또, 정밀 발굴을 통해 유물을 수습했기 때문에 무덤과 금관에 대한 많은 정보를 얻어 낼 수 있었습니다. 그 덕분에 천마총 금관은 국립경주박물관의 상징물로 신라 문화의 전령사 구실을 톡톡히 하고 있지요.

국립경주박물관에서는 여러 장비를 사용해 금관을 비롯한 여러 유물을 보존하는 한편, 연구를 통해 유물에 담긴 비밀을 밝혀내고 있습니다. 최신 첨단 장비를 이용해 금관의 성분을 조사했더니 100퍼센트 금이 아니라 은을 합금한 사실을 알 수 있었습니다. 그리고 금관의 금 순도는 가장 먼저 만들어진 황남대총 남분 출토 금관이 가장 높고, 가장 늦게 만들어진 금관일수록 낮아진다는 것을 확인했습니다. 이러한 사실은 신라 장인들이 금관을 만들 때 합금까지 고려해 제작한 것을 알려 주는 증거입니다.

이제부터 천마총에서 발견한 '국보' 금관이 담고 있는 비밀을 하나씩 풀어 보겠습니다.

신라를 담은 타임캡슐

천마총 금관

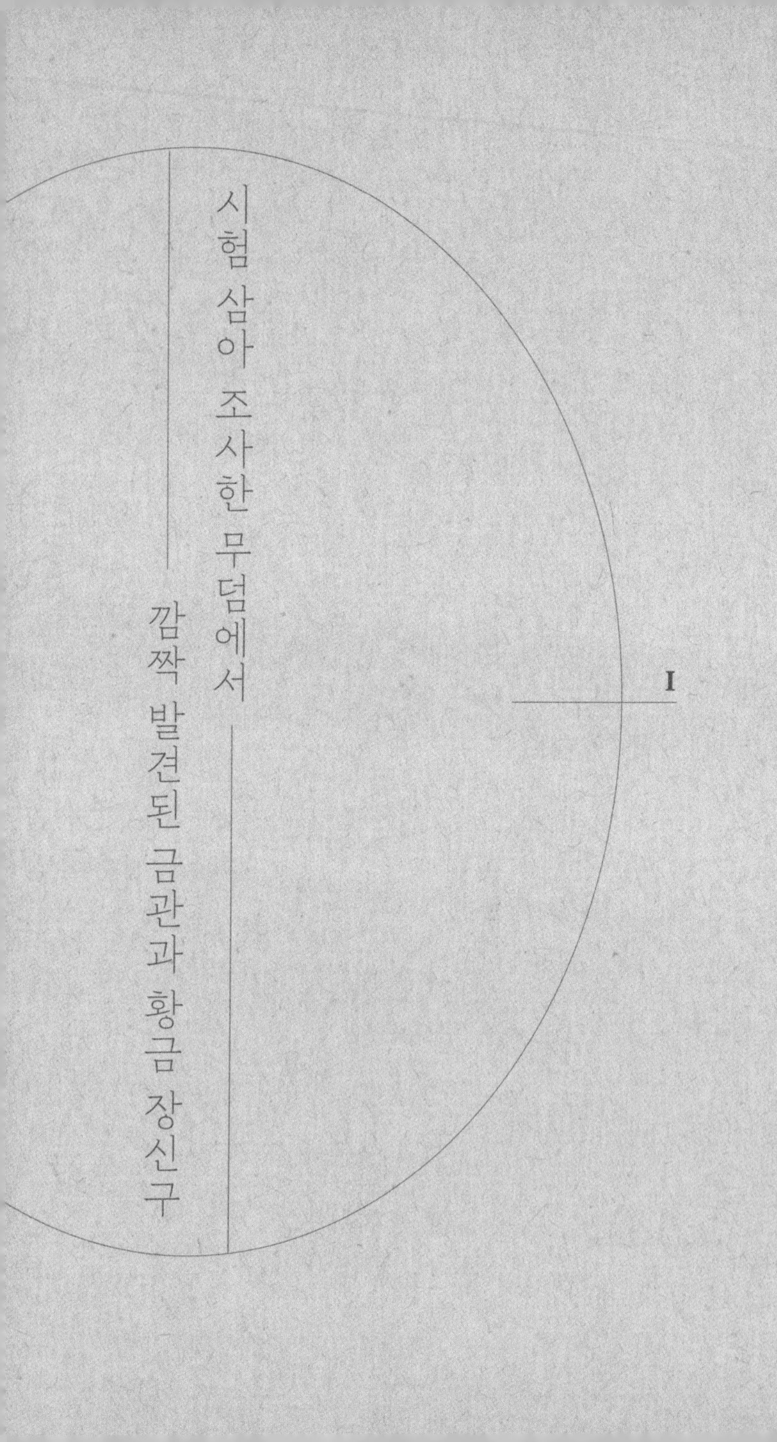

I 시험 삼아 조사한 무덤에서 깜짝 발견된 금관과 황금 장신구

경주 곳곳에는 셀 수 없이 많은 고분이 있습니다. 낮은 고분은 사람 키만합니다. 높은 것은 아파트 6~7층 정도인데, 올록볼록 솟아 있는 모습이 마치 언덕 같습니다. 그게 바로 신라인의 무덤입니다.

일제 강점기에 일본 관학자들은 경주 시내 지역의 고분을 조사하면서 무덤에 1번부터 155번까지 고유 번호를 매겼습니다. 이후에 지역 개발 과정에서 신라 시대 고분 수백 기가 더 발견됐습니다. 무덤의 주인공은 알 수 없지만 아마도 신라의 수도 경주에 살았던

일제 강점기
경주 시내 고분군 모습.

사람들이었겠지요.

《삼국사기》에 따르면 신라의 역대 왕은 모두 56명입니다. 그들 가운데 많은 수가 이 거대 무덤뿐만 아니라 왕릉이라 전하는 무덤에 묻혔으리라 짐작됩니다. 하지만 어느 무덤이 누구의 능인지 단정하기 어려운 경우가 많습니다. 무덤이 만들어진 지가 천 년이 훌쩍 넘어 비석이나 기록이 남아 있는 경우가 드문 데다가 신라 왕조를 이뤘던 박·석·김 씨 문중이 조선 후기의 간략한 옛 기록에 근거해 자기 집안 조상의 왕릉이라고 해 버린 경우가 많았기 때문입니다. 어쩌면 앞으로 다른 고분이 계속 발굴되면 무덤 주인이 바뀔지도 모릅니다.

경주 고분들은 서너 기에서 수십 기가 한 지역에 모인 형태로 분포되어 있습니다. 그중 대릉원에는 경주에서 가장 큰 고분인 황남대총을 비롯해 신라 시대 고분 스물세 기가 모여 있습니다. 대릉원 일대의 무덤들은 전 미추왕릉을 제외하고는 대부분 관련 기록이 부족해 왕릉으로 인정받지 못했습니다. 높이 23미터, 길이 120미터 규모의 황남대총조차 무덤의 주인공이 누구인지 밝힐 수 있는 근거가 없었지요.

경주 대릉원 전경.
황남대총 주변으로 23기의 크고 작은 고분이 모여 있다.

그러던 차에 1970년대 초, 이 거대한 무덤에 대한 발굴이 전격적으로 결정됐습니다. 1971년 백제 무령왕릉이 발굴되자 그것을 지켜본 박정희 전 대통령이, 당시에는 98호분이라는 번호만 있던 황남대총 발굴을 지시한 것입니다. 하지만 아무리 대통령 지시라고 해도 발굴을 곧바로 시작할 수는 없었습니다. 당시 우리나라의 기술로는 그토록 큰 무덤을 제대로 발굴하기 어려웠기 때문입니다.

무덤 안에는 여러 다양한 물건이 들어 있고, 또 여러 가지 역사적인 정보가 담겨 있는데, 기술력이 부족한 상태에서 발굴을 했을 경우 이러한 정보는 송두리째 날아가 버립니다. 천마총의 천마도도 처음 발견됐을 때는 선명했지만, 그때 바로 그것을 보존하는 기술이 없었기 때문에 천마의 모습이 많이 지워졌습니다. 발굴에서 기술의 중요성을 알려주는 가장 대표적인 사례죠. 잘못한 발굴은 돌이킬 수 없습니다. 그렇기 때문에 지금도 모든 유적을 발굴하지 않고 때가 오기를 기다리고 있습니다.

고민에 고민을 거듭하던 문화재관리국은 황남대총을 발굴하기 전에 경험을 쌓기 위해, 근처에 있는 좀 작은 고분을 경험 삼아 먼저 파 보기로 했습니다. 그리하여 1973년 4월 6일에 발굴을 시작한 무덤이 바로 155호분이었습니다. 그렇지만 155호분도 무덤 지름이 47미터, 높이 12.7미터에 달하는 작지 않은 규모여서 발굴이 만만치 않았습니다. 간신히 땅 위를 덮은 봉분(封墳)에 대한 조사*가 끝나갈 무렵인 7월 3일, 대통령이 발굴 현장을 찾아와서는 98호분 발굴에 조속히 착수하라는 지시를 내렸습니다. 이 때문에 발굴의 무게 중심이 98호분 쪽으로 쏠리는 듯했으나, 7월 25일

1973년 155호분 봉분 조사.

155호분의 봉분 조사가 끝날 무렵
금관이 나왔다.

155호분에서 금관이 나오면서 상황이 반전됐습니다.

비록 유골은 출토되지는 않았지만, 무덤 주인공이 지증왕 같다는 견해까지 등장한 것이죠. 출토된 유물 수준이 왕릉급이었고, 무덤의 축조 연대는 500년 직후로 추정됐습니다. 《삼국사기》에서 그즈음에 돌아가신 왕을 찾아보니 지증왕이 돌아가신 해가 514년이라고 되어 있었습니다. 신라 22대 임금인 지증왕은 나라의 이름을 신라로 정하고, '왕'이라는 칭호를 처음 사용했으며, 울릉도의 우산국을 정복한 중요한 인물이지만 문헌상으로 왕릉의 위치를 알 수 없었습니다.

금관과 황금 장신구만으로도 설레는 발견인데, 이로부터 한 달도 지나지 않은 8월 22일에는 상상도 하지 못한 유물이 발견됐습니다. 황금 장신구를 걸친 무덤 주인의 머리맡에 놓여 있던 껴묻거리* 궤짝을 조사하던 조사단원이 쌓여 있던 물건들 중 말갖춤(마구馬具)을 들어 올리자, 그 아래에서 갈기를 휘날리며 하늘을 나는 모습의 천마도가 모습을 드러낸 것입니다. 자작나무 껍질 위에 눈부시게 밝은 색조로 그려진 유려한 그림 두 장. 무려 1500년 전의 그림인 천마도가 돌무지와 흙더미로 구성된 봉분의 엄청난 무게를 견디

천마도가 발견되면서 155호분은
'천마총'이라는 이름을 얻었다.

며 원래의 모습을 온전히 유지한 상태로 있었던 것은 실로 기적이라 하지 않을 수 없습니다.

이로 인해 155호분은 발굴 후 천마총(天馬塚)이란 새 이름을 얻었습니다. 왕릉 발굴에 필요한 기술을 익히려 연습 삼아 파 본 무덤이 일약 왕릉급으로 스포트라이트를 받게 된 것입니다. 천마총에서는 그해 12월까지 8개월 동안 신라 금관을 비롯해 금제 관모, 허리띠, 팔찌, 유리잔 등 1만 1,526점의 유물이 수습됐습니다.

조선 후기에 갑자기 신라 왕릉이 늘어났다고?

천마총을 비롯해서 금관총, 서봉총, 호우총, 황남대총 등 무덤 이름에 '총'이 붙는 경우가 많은데요. 이는 발굴된 무덤의 유물로 볼 때 왕과 비의 무덤으로 추정되지만 누구의 무덤인지 확실한 증거가 없을 때 붙이는 이름입니다. '능'은 무덤의 주인공이 누구인지 밝혀졌을 때 부르는 이름입니다. 그런데 경주에 있는 능 중에는 의심스러운 것들이 있습니다. 조선 후기 경주에 살았던 선비인 화계 유의건은 영조 6년에 '나릉진안설(羅陵眞贋說)'이라는 글을 쓰면서 당시 경주에서 신라 왕릉의 주인공을 추정하는 사건을 이야기했습니다.

조선 시대에 족보가 만들어지기 시작하면서, 각 가문에서 자기 조상들의 무덤을 찾아 제사를 지내려 했습니다. 경주 김씨와 경주 박씨 문중은 경쟁적으로 당시 주인을 알 수 없던 무덤들을 자기 집안 출신 신라왕의 능이라고 이름을 붙였습니다. 규모만 크면 정확한 기록이 없더라도 무리해서 왕릉이라고 정하고 서로 다투기까지 했습니다. 그래서 그전까지 전해 오던 왕릉 이외에도 박씨 왕릉 6기, 김씨 왕릉 11기 등이 이 무렵에 추가로 지정됐습니다. 유의건은 이러한 지정 작업이 아무런 근거 없이 무분별하게 진행됐다고 비판했습니다. 오늘날의 학술적 관점에서도 당시 왕릉

경주 천마총.

을 정한 방법이 비과학적이었던 탓에 지금 각 문중에서 지정한 왕릉들을 실제 왕릉이라고 보기 어렵습니다.
그러나 이러한 현상은 조선 시대에 이르러 조상 숭배에 대한 인식이 변화했고, 또 이 시기에 작성된 족보를 바탕으로 무덤의 기능과 역할에 대한 사회적 요구가 새롭게 생겨났다는 점을 알려 준다는 점에서 의미가 있습니다.

"사서의 기록에도 없는 천 년 전의 일을 천 년 후에 아는 방법은 없다. 설사 천 년 전의 사람을 무덤에서 다시 불러온다 하더라도 능을 보고 어느 왕의 무덤인지 정확하게 말할 수 있는 사람은 없으리라." — 나릉진안설

천마도,
신라 회화의 상징

천마도는 말을 탈 때 흙이 튀지 않도록 안장 양쪽에 달아 늘어뜨리는 말다래(장니障泥)라는 부속품에 그려진 그림입니다. 말다래는 안장 양쪽에 매달아 사용하므로 두 점이 한 쌍이고, 그래서 천마도도 두 점입니다. 두 점 중 아래쪽에 있던 말다래의 그림이 상대적으로 더 잘 보존됐습니다. 천마도는 현재 거의 남아 있지 않은 신라 시대 회화 작품이기에 더욱 의미가 있습니다.

신라에서 천마는 다양한 의미가 있었지만, 무덤 안에서 출토되는 천마는 망자를 사후 세계로 모시는 신성한 동물이었습니다. 돌무지 나무덧널 무덤 이전에 무덤 안에서 발견되는 신성한 동물은 새였고, 그 시대 사람들은 새가 망자를 실어 나른다고 생각했습니다. 그런데 돌무지 나무덧널 무덤을 만드는 5세기가 되면 말이 그 역할을 대신했다고 생각됩니다. 그중에서 왕릉급 무덤에서는 천마가 나오는데, 왕족을 사후세계로 모시고 간 것이 바로 천마였습니다. 천마총에서 출토된 천마도를 보존 처리한 결과 자작나무 껍질을 사용했고, 껍질 안쪽 면에 바탕색 없이 그대로 천마를 그렸으며, 두 장이 똑같은 것이 아니라 조금씩 표현에 차이가 있다는 것이 밝혀졌습니다.

한편 금관총과 금령총에서도 비슷한 말다래가 발견됐습

말다래에 그려진 천마도.

>>>

니다. 이들 무덤은 1920년대에 처음 발굴됐던 것을 국립경주박물관에서 2015년과 2019년에 다시 발굴 조사를 했습니다. 전에는 금관총, 금령총 유물의 용도를 알 수 없었지만, 최근 천마총의 또 다른 말다래를 보존 처리하면서 서로 닮아 있음을 알게 됐습니다. 금동판을 오려 천마를 표현했는데, 많이 파손돼 전제적인 천마의 모습을 볼 수 없지만 천마총 출토 천마도와 천마의 표현이 거의 비슷합니다. 재질은 다르지만 아마도 같은 기능을 했을 것으로 생각됩니다.

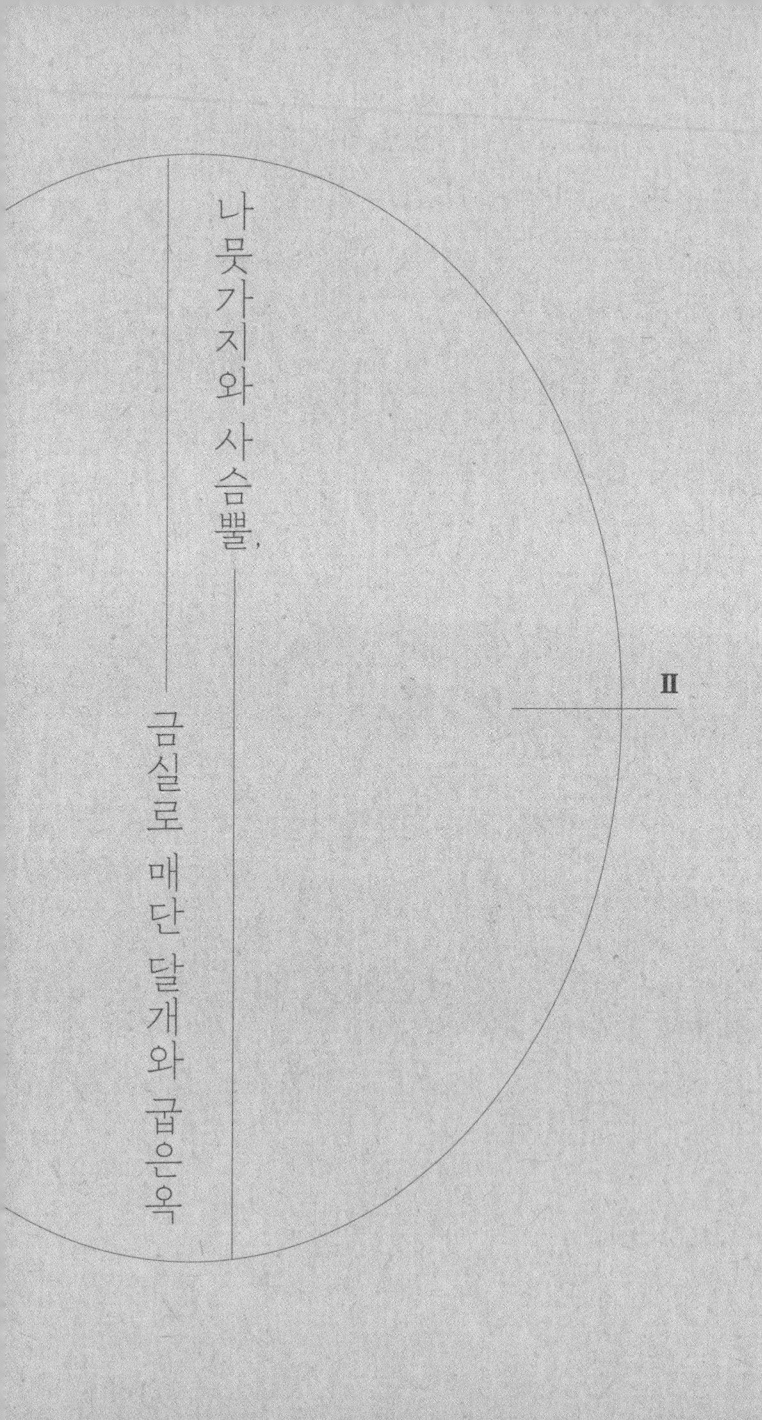
II
나뭇가지와 사슴뿔,
금실로 매단 달개와 굽은옥

신라의 금관 중 금관총에서 나온 금관이 가장 정제된 것이라면, 천마총 금관은 가장 화려하다는 평가를 받습니다. 높이가 32.5센티미터, 지름은 20센티미터로 현재까지 발견된 신라 금관 중 가장 크기도 합니다. 천마총 금관은 신라 금관의 전형적인 모습대로 관테(대륜臺輪)*, 솟은장식(입식立飾)*, 드리개(수식垂飾)*, 굽은옥(곡옥曲玉)*, 달개(영락瓔珞)*로 구성되어 있습니다.

다음 페이지의 사진에서 확인되듯이, 솟은장식은 모두 다섯 개로 나뭇가지 형태가 세 개, 사슴뿔 형태가 두 개입니다. 신라 금관의 특징이자 공통적으로 보이는 나뭇가지 모양의 솟은장식은 '山'자 모양이 4단으로 놓인 형태로 앞면에 세 줄기가 있습니다. 뒷면에는 사슴뿔 모양의 솟은장식 두 줄기가 세워져 있습니다. 山자 모양의 끝은 모두 꽃봉오리 모양입니다.

넓은 띠 모양의 관테는 아래위 가장자리에 두 줄씩 점을 나란히 찍은 연속점무늬(점열문)와 물결무늬(파상문)로 장식했습니다. 물결무늬 사이사이에 둥근 무늬를 찍어 조화롭게 표현했습니다.

달개는 금령총에서 출토된 금관과 마찬가지로 석

나뭇가지 모양의
솟은장식은
山자 모양의
4단으로 구성됐다.

사슴뿔 모양의
솟은장식은
두 줄기가 있다.

천마총 금관의 관테.

금으로 만든 실로
연결해 붙인 달개와
쉼표 모양의 굽은옥.

줄입니다. 나뭇가지 모양 솟은장식의 4단 작은 가지에는 각 단마다 굽은옥과 둥근 달개가 매달려 있습니다. 가운데 기둥에서 양쪽으로 벌어져 나온 작은 가지는 직각에 가깝게 각이 져 있습니다. 솟은장식의 가장자리에도 관테처럼 두 줄로 나란히 점을 찍어 장식했습니다.

앞쪽에는 귀 부분에 사슬 모양으로 작은 고리를 여러 개 길게 늘어뜨리고 고리에는 달개를 달아 장식했습니다. 그리고 그 끝에 펜촉처럼 생긴 드리개 장식을 달았습니다.

솟은장식은 금으로 얇은 판을 만든 다음 이를 모양대로 잘라 만들고 가장자리에 송곳으로 연속점무늬를 새겼습니다. 아마도 관테와 접합하기 전에 미리 만들었을 것으로 생각됩니다. 이 장식을 만들기 위해서는 기본적인 도안이 필요했을 것입니다. 도안에 따라 금판의 표면에 밑그림을 그리고 끌을 이용해 밑그림을 따라 금판에서 솟은장식을 오려 내었을 것입니다. 나뭇가지 모양 솟은장식과 사슴뿔 모양 솟은장식의 가장자리를 보면 직선을 이루는 부분도 있지만, 갈라진 끝 부분에는 꽃봉오리 모양으로 매우 곡선적인 부

펜촉처럼 생긴
드리개 장식.

천마총 금관은
직선과 곡선이 어우러진 게 인상적이다.

분도 있습니다. 보존 과학자가 실험실에서 현미경으로 관찰해 보니 이런 부분은 끌로 떼어 낸 다음 매끈하게 갈아 내었음을 확인할 수 있었습니다.

금관 전체를 장식하는 달개는 작은 크기의 원반 모양인데, 지름이 약 1센티미터 전후 크기입니다. 천마총 금관에 달린 달개는 전부 382개나 됩니다. 달개는 아주 얇은 금판을 하나하나 잘라 다듬어 만들었습니다. 금판을 자르거나 원통으로 찍어 내어 만든 것 같습니다. 굽은옥은 옥의 끝을 굽은 형태로 가공한 것입니다. 원석을 갈판 등에 오랫동안 수작업으로 갈아 만들었습니다. 천마총 금관에는 굽은옥 58개가 관테와 솟은장식에 달려 있습니다.

천마총 금관을 만든 장인은 개별 부품을 먼저 만든 다음, 머리띠와 솟은장식은 작은 못으로 고정하고, 달개와 굽은옥은 금실로 고정했습니다. 순도 83.5퍼센트의 금인 금관의 재질과 장식의 크기를 생각하면 매우 정밀한 작업이었을 것으로 추측됩니다.

신라 고분에서 발굴된 다섯 점의 금관에는 공통적인 특징이 여럿 있습니다. 세부적으로 살펴보면 몇 가지 특징에서 시대에 따라 변화하는 모습을 살펴볼

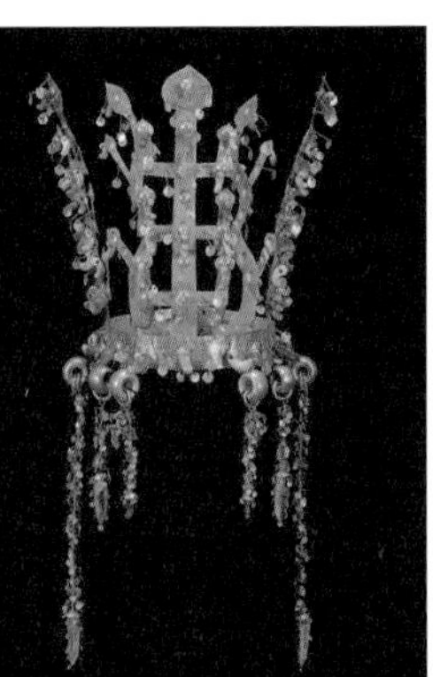
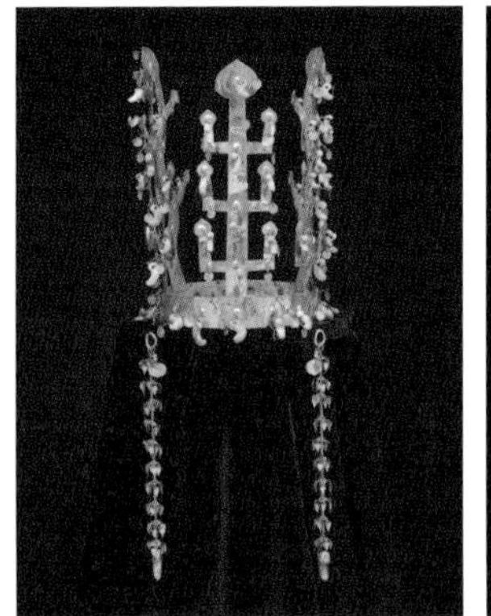
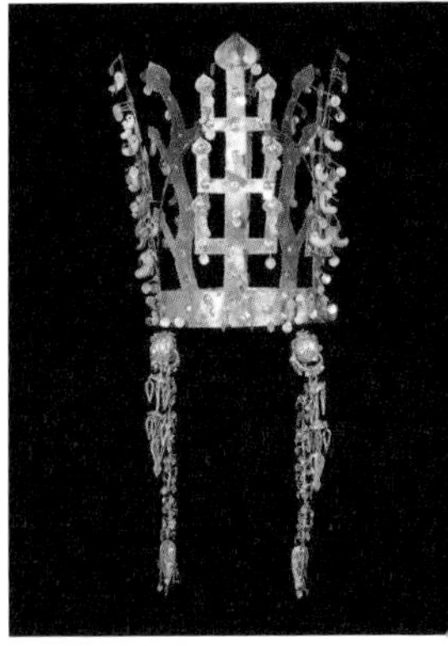

수 있습니다.

첫째는 고정 못의 변화입니다. 신라 금관의 특징인 뿔 모양의 솟은장식을 관테에 고정하기 위해 두세 개의 못을 박았습니다. 그런데 그 형태와 못의 숫자가 다양합니다. 천마총 금관의 경우에는 못 두 개를 좌우로 나란히 박아 솟은장식을 고정하고 있는데, 못을 세 개 사용한 황남대총이나 금관총 금관과 차이를 보이는 부분입니다. 금관과 금동관*의 못 수를 전체적으로 종합해 보면 세 개의 못을 박은 금관이 이른 시기의 것이고, 두 개의 못만을 사용한 금관은 늦은 시기의 것으로 생각할 수 있습니다.

출토 무덤별
신라 금관의 비교.
좌로부터 시대순으로
황남대총 북분, 금관총,
서봉총, 금령총, 천마총.

두 번째로, 솟은장식을 장식한 문양이 변화했습니다. 얇은 금판으로 만든 솟은장식의 가장자리에는 무늬가 새겨져 있습니다. 뒷면에서 끝이 뾰족한 도구로 찍어 내 연속되는 점무늬를 만들었는데, 고정 못과 마찬가지로 황남대총 북분이나 금관총 출토품의 경우에는 한 줄이지만, 천마총 금관에는 두 줄이 새겨져 있습니다.

셋째로는 달개와 볼록 장식 수의 변화입니다. 볼록 장식은 솟은장식 뒷면에서 끝이 둥근 도구로 두드려 앞면을 둥글고 볼록하게 튀어나오게 만든 장식입니다. 여기에 주로 굽은옥을 달았습니다. 천마총 금관에는 달개가 382개, 볼록 장식이 210개로 황남대총 북분이나 서봉총 금관보다 훨씬 많습니다.

넷째, 나뭇가지 모양 솟은장식에 곁가지가 몇 개인지도 천마총 금관이 어느 시기에 만들어졌는지를 짐작하는 데 도움이 됩니다. 황남대총 북분, 금관총, 서봉총 금관은 山자 모양이 3단이고, 금령총과 천마총 금관의 경우에는 4단입니다. 신라 금관은 간소한 형태에서 복잡하고 화려한 모양으로 변화한다고 파악하고 있는데, 천마총 금관은 그 가운데 가장 늦은 단계의 특징을 보입니다.

신라 금관에는 상징성이 강한 디자인이 몇 가지 표현되어 있습니다. 솟은장식의 형태가 나뭇가지와 사슴뿔 모양을 하고 있고, 곳곳에 굽은옥이 가득 매달려 있습니다. 서봉총 금관처럼 금관 꼭대기에 새가 표현된 경우도 있습니다. 그렇다면 금관에 표현된 나뭇가지, 사슴뿔, 굽은옥은 무엇을 상징할까요?

세계 각지의 금관을 살펴보면 신라 금관에 표현된 요소와 비슷한 도안을 적용한 금관의 예가 여럿 확인됩니다. 그중 사르마트 금관이 대표적입니다. 사르마트 금관은 흑해 북쪽 로스토프 지역 노보체르카스크

서봉총 금관 끄트머리에는
새가 표현됐다.

사르마트 금관. 서기 1세기 흑해 연안 중앙아시아 초원 지대에서 활동한 유목민 사르마트족 여사제의 것으로 추정된다. © Gettyimages

호흐라치 무덤에서 출토된 사르마타이 시기의 금관입니다. 여기에는 나무와 사슴이 사실적으로 묘사되어 있는데, 그 이유를 따라가 보면 신라 금관에 표현된 나뭇가지나 사슴뿔의 상징성을 이해하는 데 도움이 될 것 같습니다.

사르마트 금관에서 묘사하는 나무는 하늘과 땅을 이어 주는 매개체로서 흔히 생명의 나무, 세계 또는 우주의 나무 등으로 불립니다. 사르마트 금관이 발견된 시베리아에는 매우 큰 자작나무가 군락을 이루고 있으며, 자작나무 껍질을 이용하여 각종 생활 도구를 만들어 사용했습니다. 그들은 저 높은 하늘을 향하여 까마득히 뻗어 올라간 자작나무를 하늘로 통하는 통로로 인식했다고 짐작됩니다. 사르마트인들은 자작나무를 신성시했고, 그것을 생명수로 여겼던 것 같습니다. 고구려 고분 벽화에서도 이런 거목에 대한 믿음이 잘 드러나고 있습니다.

뿔이 달린 사슴은 재생과 풍요 그리고 권위를 함께 나타내는 것으로 서아시아나 스키타이 미술에서 뿔잔 등에 자주 등장하는 소재입니다. 시베리아에서는 사슴이 중요한 식량원이었는데, 이 때문인지 이곳 제사장들은 머리에 사슴뿔을 장식하는 경우가 있었습니다. 사슴뿔을 마치 안테나처럼 하늘의 정령을 받는 장치로 이해할 수 있을 것입니다. 이러한 사슴뿔 장식을 매우 단순화시키면 신라 금관에 표현된 모양처럼 되지 않을까요?

신라 금관에는 비취로 만든 굽은옥이 다수 장식되어 있습니다. 굽은옥은 선사 시대부터 중요한 장식품으로 이용되었는데, 삼국 시대, 특히 신라에서는 목걸이나 귀걸이, 그리고 금관 장식으로 즐겨 사용했습니다. 대부분 위쪽에 구멍을 뚫었고, 짐승 머리 모양으로 장식한 것도 있습니다. 그 기원에 대해 다양한 학설이 있는데, 원초적 생명체로 보는 견해가 많습니다.

왜 신라인들은 생명을 상징하는 굽은옥을 금관에 매달았을까요? 보통 저승에서 부활하기를 바라는 마음 때문이라고 추정하기도 하고, 굽은옥을 생명 열매, 혹은 나무 열매로 보기도 합니다.

그런데 관에 굽은옥이 장식된 것은 네 점의 금관과 황남대총 남분 피장자*의 머리에서 출토된 금동관 등 총 다섯 점뿐입니다. 지금까지 발굴된 신라 금관에는 금령총 금관을 제외하고 모두 굽은옥이 달려 있지만,

굽은옥이 달려있지 않은 관이 더 많습니다. 황남대총 남분에서 출토된 은관 1점, 금동관 5점은 같은 무덤에서 출토됐지만 굽은옥이 달려 있지 않습니다. 주인공의 유해가 있던 자리에서 출토된 금동관에만 굽은옥이 달려 있습니다. 이 점은 굽은옥의 기능을 알려 주는 매우 중요한 자료입니다. 앞서 살펴본 것처럼 굽은옥이 생명체를 상징한다고 본다면, 금관에 표현된 굽은옥은 피장자 사후 새로운 세상에서의 부활, 새로운 생명의 탄생을 염원하면서 제작하여 부착한 것이 아닐까요?

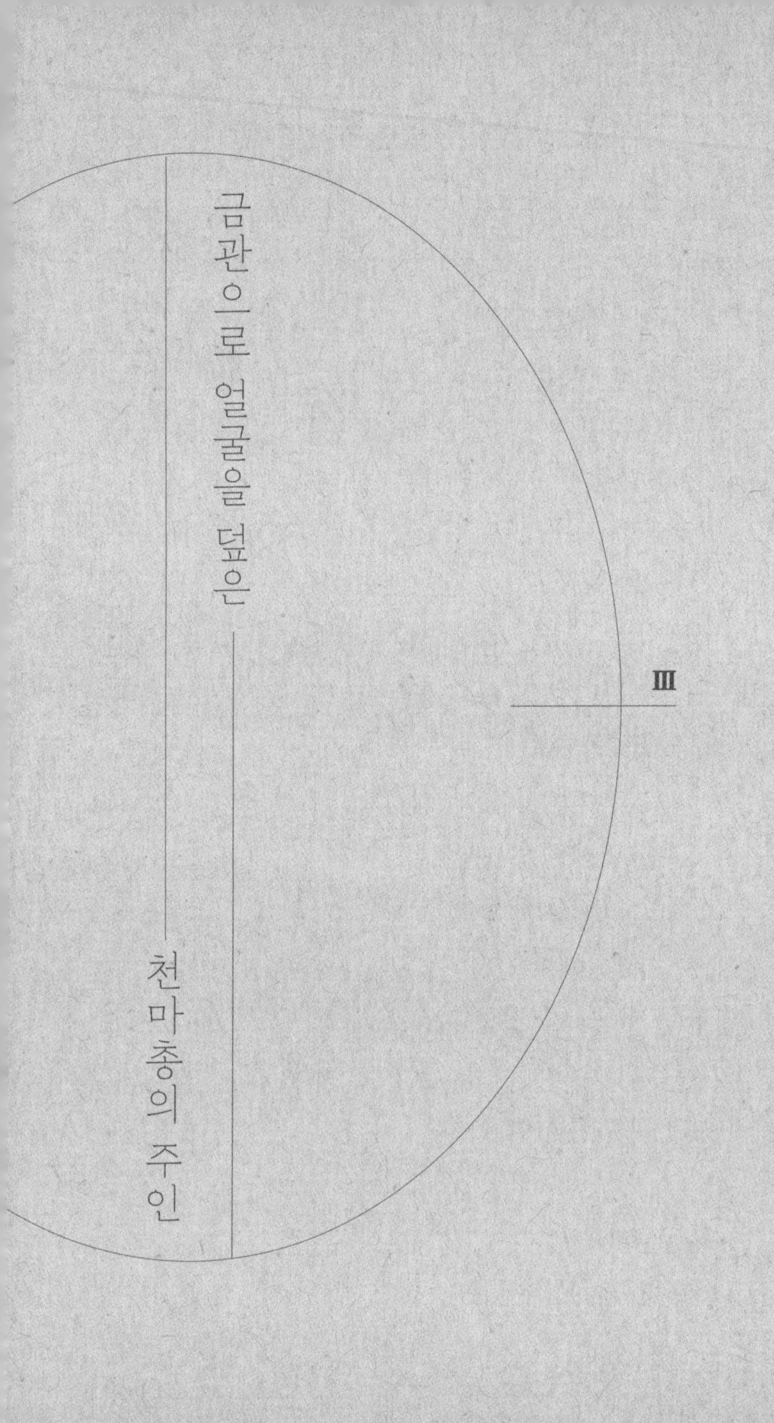
III
금관으로 얼굴을 덮은
천마총의 주인

천마총은 월성 북쪽에 흩어져 있는 수많은 높은 무덤들과 비슷한 방식으로 만들어졌습니다. 나무로 덧널이라는 상자 모양의 방을 먼저 만들고, 그 안에 무덤 주인을 모신 널과 껴묻거리를 담은 상자를 뒀습니다. 그다음 덧널 주변에 높고 커다란 봉분을 쌓았죠. 호박이나 사람 머리통만큼 커다란 돌을 강가에서 옮겨 와 덧널을 감싸며 돌무더기를 쌓고(적석積石), 그 바깥으로 점토, 모래, 잔자갈이 섞인 흙을 여러 층으로 켜켜이 다지면서 쌓아 올려 완성했습니다. 이렇게 돌을 쌓아 올려 만든 무덤을 돌무지 나무덧널 무덤, 또는 적석목곽묘(積石木槨墓)라고 부릅니다. 신라의 고유한 무덤 형태로 경주에서 집중적으로 발견되고 있습니다. 이러한 무덤 스타일 덕분에 무덤을 만들던 신라인들은 전혀 생각하지 못한 효과가 생겨났죠. 시간이 지나면서 무덤을 덮고 있는 돌이 내려앉으면서 유물 또한 덮어서 돌무지 나무덧널 무덤에는 대부분의 유물이 도굴되지 않고 보존되어 귀중한 연구 자료가 된 것입니다.

그렇다면 왜 신라에서 돌무지 나무덧널 무덤이 생겨났을까요? 신라에서 왕을 이르는 칭호는 '거서간'

천마총 발굴 당시 확인한 돌무지.

이나 '차차웅'이란 것도 있었지만, 지배자의 힘이 커지면서 '이사금'에서 '마립간'으로, 다시 '왕'으로 바뀌었습니다. 신라가 연맹체 국가*를 넘어서 영역 국가*로 성장하려는 시점에 '마립간'이란 칭호를 쓰는 통치자가 등장했는데, 마립간은 가장 으뜸인 '마루'와 족장 또는 지배자를 뜻하는 '칸(Khan)'을 붙여 만든 통치자의 칭호입니다. 돌무지 나무덧널 무덤은 대부분 마립간 시기(365~514)에 만들어졌습니다. 이 사실들을 종합해 보면, 왕과 왕족의 고귀함을 돋보이게 하기 위해 거대한 무덤을 만든 것이라 볼 수 있습니다. 천마총 주변에 있는 황남대총을 비롯해 금관총, 서봉총, 금령총은 모두 돌무지 나무덧널 무덤입니다.

경주 시내의 돌무지 나무덧널 무덤 중에는 일제 강점기에 발굴된 것도 있습니다. 하지만 당시에는 봉분 조사가 이뤄지지 않아서 무덤의 축조 방식을 제대로 이해할 수 없었습니다. 천마총의 경우도 50년이 지난 오늘날의 시각에서 보면 불완전한 발굴이었지만, 1960년대 이전과는 확연히 다른 수준의 발굴이라고 평가할 수 있습니다. 천마총은 우리나라에서 국가 주도로 이뤄진 첫 번째 기획 발굴 사례이기도 합니다.

단지 유물을 꺼내는 게 아니라 유적을 구간별로 나누어 측량하고 차례로 발굴했습니다. 상세한 기록도 남겼습니다. 천마총 발굴은 신라 고고학이 체계화되는 기점이기도 하면서 발굴 기법 면에서도 큰 발전의 계기를 가져왔습니다.

발굴 조사단은 천마총 봉분의 꼭대기부터 조사하면서 흙을 파 내려갔습니다. 무덤에 쌓아 올린 흙(봉토封土)의 윗부분을 걷어 내자 무덤 내부가 드러났습니다. 무덤의 구조는 덧널이 하나인 외널식(단곽식單槨式)이었습니다. 덧널은 관을 담기 위해 나무로 네모지게 짠 곽(槨)인데, 시신을 직접 넣는 널(관)을 안치하는 일종의 보호 시설입니다. 신라에는 무덤 주인공이 그 안에서 살아 있을 때와 거의 똑같이 생활하고 있다고 믿고, 생활에 필요한 물건을 무덤 안에 넣어 주는 풍습이 있었습니다. 이렇게 죽은 이와 함께 묻은 물건을 껴묻거리라고 부릅니다. 이러한 풍습은 400년부터 550년까지 유행한 돌무지 나무덧널 무덤에서 가장 성행했습니다. 껴묻거리를 많이 묻던 매장 풍습에서 4세기 이후에는 아예 물건만 묻기 위한 나무 방을 따로 만들기도 했는데, 이를 딸린덧널(부곽副槨)♣이라

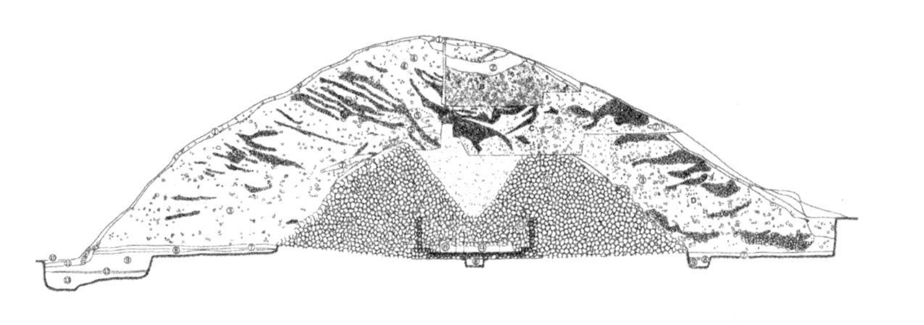

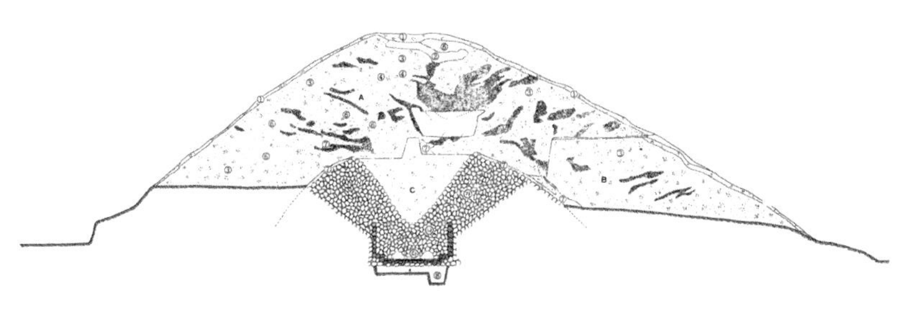

천마총 단면도.

고 합니다. 천마총에는 딸린덧널은 없고 하나의 공간만 있었습니다.

천마총에 묻힌 인물은 머리를 동쪽으로 향하고 뉘어 매장됐습니다. 출토된 장신구 중 금관이 있는 쪽이 동쪽, 금동으로 된 신발이 놓인 쪽이 서쪽입니다. 머리맡에는 껴묻거리를 담은 나무 궤가 놓여 있었습니다. 천마도가 그려진 말다래를 비롯한 여러 유물이 출토된 장소가 바로 이곳입니다.

금관이 발굴된 모습이 조금 특이합니다. 다섯 개의 솟은장식이 위로 오므려진 모습이었죠. 그런데 주목할 부분은 금관의 둥근 밑동 부분인 관테가 목부터 가슴까지 장식하는 목걸이와 가슴걸이(경흉식頸胸飾)♣의 윗부분과 겹친 상태로 출토됐다는 점입니다. 다시 말하자면, 흔히 우리가 상상하듯이 머리 둘레에 관을 쓰고 누운 것이 아니라, 관테가 턱까지 내려오고 솟은장식이 얼굴을 덮은 상태였다는 이야기입니다.

아마도 장례 과정에서 망자를 염할 때 금관을 펼쳐 머리 전체를 감싼 다음 뒤쪽에서 일차로 묶고, 그다음에 솟은장식 위쪽을 모아 한 번 더 끈으로 묶었을 것으로 연구자들은 추정하고 있습니다. 왜냐하면 발굴

천마총 금관 출토 모습. 무덤 주인이 금관을 머리에 쓰고 있는 상태가 아님을 알 수 있다.

에서 금관이 노출되는 모습을 보면 솟은장식이 한곳에 모여 있기 때문입니다. 그래서 아마도 끈 같은 것으로 끝을 묶었다고 생각됩니다. 또, 금관을 쓴다면 머리띠가 이마에서 확인돼야 하는데 그보다 더 아래 턱밑에서 확인되기 때문에 썼다기보다는 얼굴을 덮는 용도로 사용됐다고 추정됩니다. 다른 금관들도 모두 비슷하게 출토되고 있어 천마총과 같이 해석할 수 있습니다. 2020년에 발굴된 황남동 120-2호분에서 출토된 금동관도 이와 유사한 모습으로 발견됐습니다.

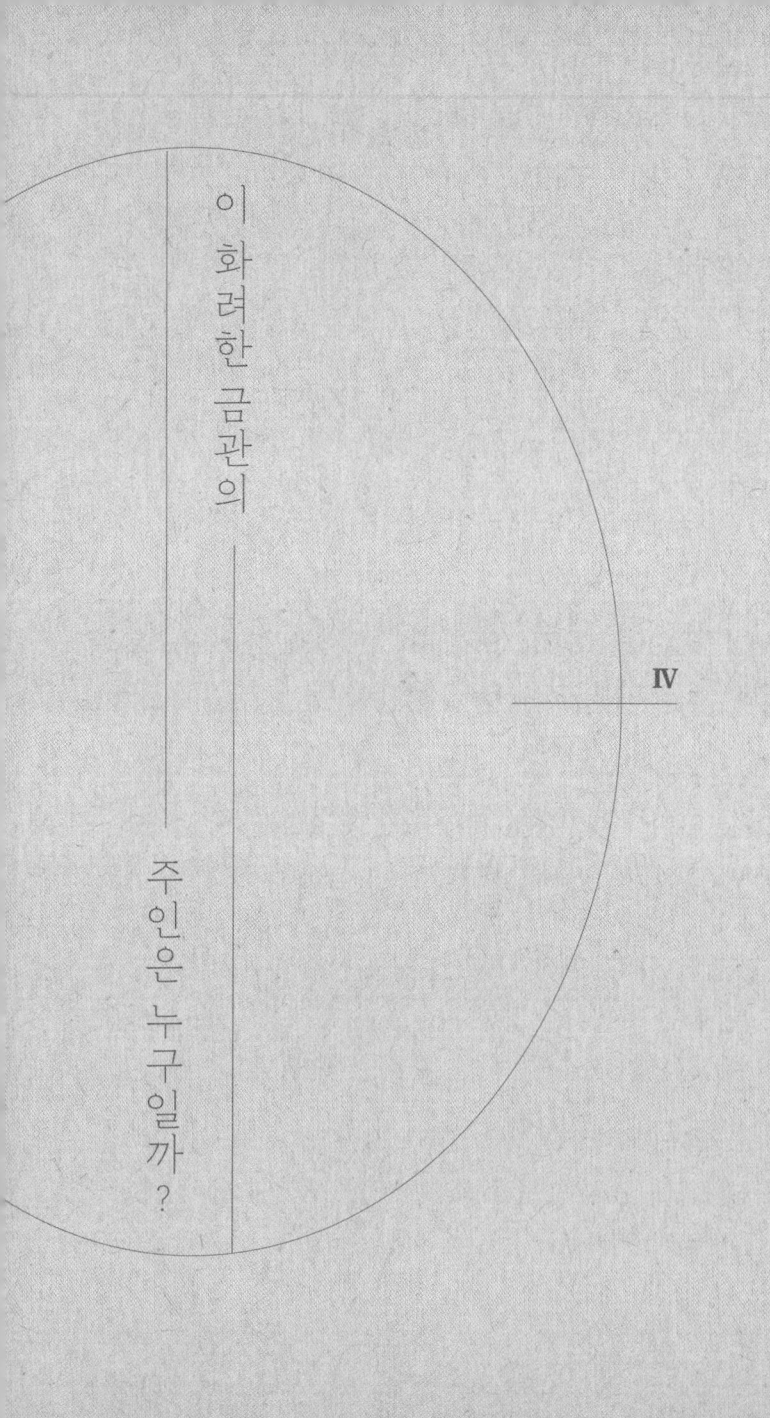

IV

이 화려한 금관의 주인은 누구일까?

천마총에서는 무덤 주인공의 생전 지위를 보여 주는 복식품*이, 묻힐 당시의 모습을 상당 부분 유지한 채 출토됐습니다. 다른 무덤 발굴 사례까지 함께 살펴보면, 신라 고분에 묻힌 인물들이 복식품을 착장하는 방식에는 일정하게 정해진 원칙이 있었던 듯합니다. 그런데 이와 같은 정형성은 주로 왕도인 경주에서 확인됩니다. 이 정형성이 경주에서만 확인된다는 것은 어떤 약속이 있었다는 뜻인데, 그것은 아마도 지위에 맞게 복식품을 착용했다는 의미일 것입니다. 우리는 이렇게 매장한 복식품을 근거로 매장자의 지위를 추측해 볼 수 있습니다.

복식품 가운데 가장 희귀한 것은 금관과 금허리띠입니다. 금관이 출토된 무덤은 황남대총 북분, 금관총, 서봉총, 금령총, 천마총 등 5기, 금허리띠가 출토된 무덤은 이 5기와 황남대총 남분입니다. 금관과 금허리띠가 출토된 6기의 무덤을 분류하면 천마총 유형과 황남대총 북분 유형으로 나눌 수 있습니다.

천마총 유형에는 천마총, 금관총, 금령총이 포함됩니다. 3기에서는 금관, 금귀걸이, 가슴걸이, 금허리띠,

		금관	금귀걸이	가슴걸이	금허리띠	금팔찌
천마총 유형	천마총	○	○	○	○	○
	금관총	○	○	○	○	○
	금령총	○	○	○	○	○
천마총 아유형	황남대총 남분	x	○	○	○	x
황남대총 북분 유형	황남대총 북분	○	○	○	○	○
	서봉총	○	○	○	○	○

금팔찌, 금반지, 장식큰칼[*]이 착장된 모습으로 출토됐습니다. 황남대총 남분은 천마총 유형과 비슷하지만 금관과 금팔찌가 빠져 있습니다. 금관이 출토되는 위치에서 금동관이 출토됐습니다. 다만 이 금동관은 신라 금동관 가운데 유일하게 금드리개를 갖춘 것입니다. 별도의 유형으로 나눌 수도 있지만 하나의 사례밖에 없고 천마총 유형과 유사한 면모를 갖추고 있어 천마총 유형의 아유형(亞類型)으로 분류할 수 있습니다.

		금반지	장식큰칼	금관모♣	금관식♣	금동관
천마총 유형	천마총	○	○	○	○	○
	금관총	○	○	○	○	○
	금령총	○	○	x	x	x
천마총 아유형	황남대총 남분	○	○	○	○	○
황남대총 북분 유형	황남대총 북분	○	○	x	x	x
	서봉총	○	x	x	x	x

무덤별 출토 유물.

황남대총 북분 유형에는 황남대총 북분과 서봉총이 포함됩니다. 금관, 금귀걸이, 가슴걸이, 금허리띠, 금팔찌, 금반지를 갖추었습니다. 천마총 유형과 다른 점은 장식큰칼이 착장되지 않은 점입니다. 황남대총 북분의 경우 피장자의 머리맡 껴묻거리 수장부에 장식큰칼이 묻혔습니다. 따라서 착장품은 아닙니다.

천마총 유형과 황남대총 북분 유형의 차이인 장식큰칼의 패용 여부를 연구자들은 성별에 따라 다른 것

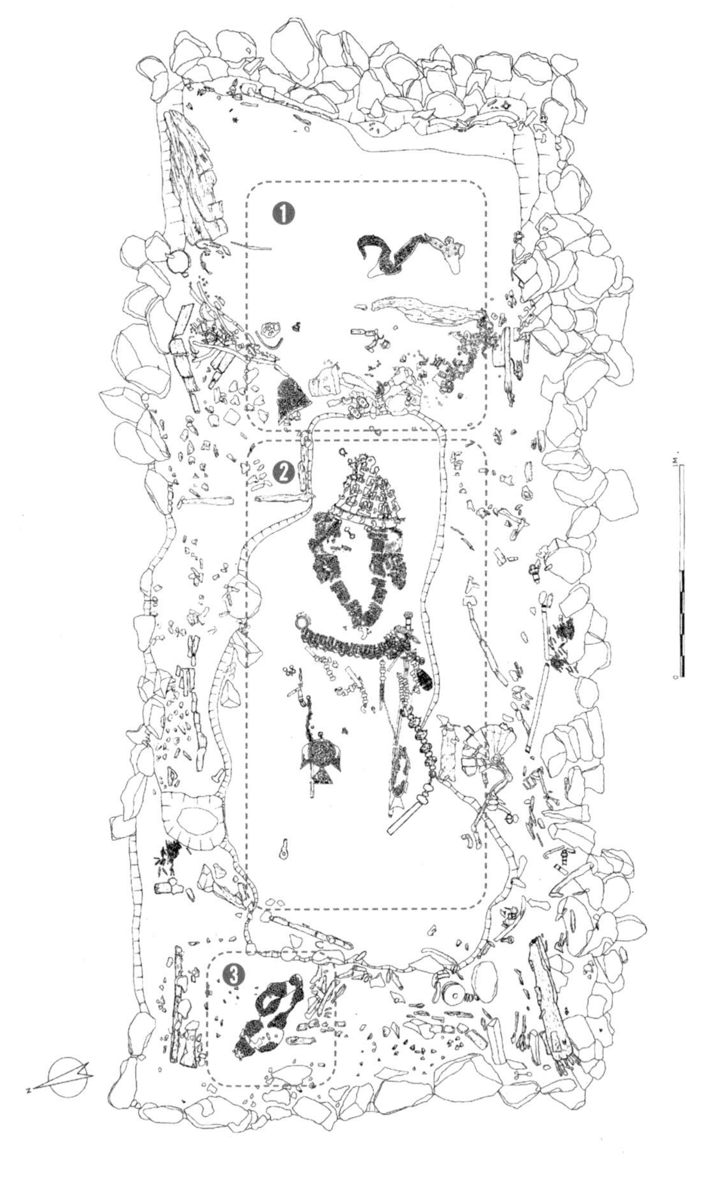

천마총 복식품
출토 위치.

❶

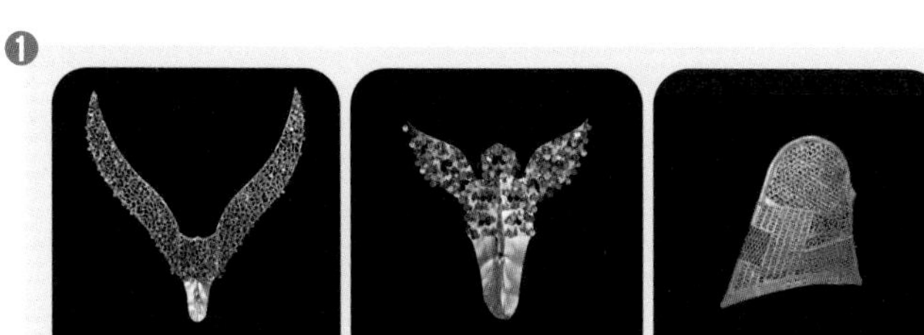

❷

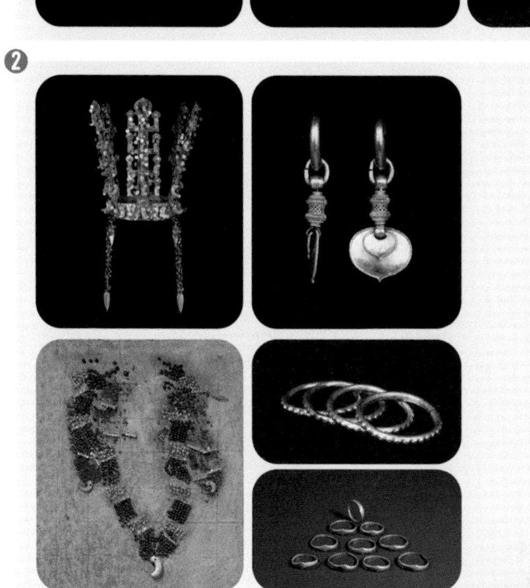

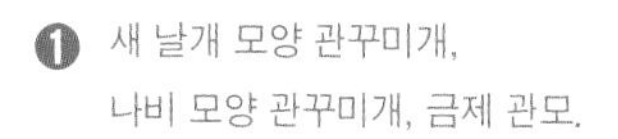

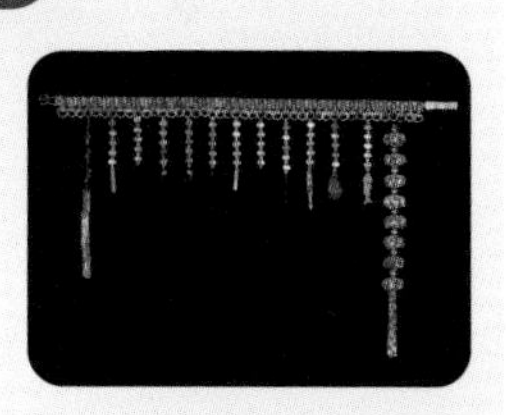

❶ 새 날개 모양 관꾸미개,
나비 모양 관꾸미개, 금제 관모.

❷ 금관, 금귀걸이,
목걸이와 가슴걸이, 금팔찌, 금반지,
봉황장식 고리자루큰칼, 금허리띠.

❸ 금동신발.

❸

으로 이해합니다. 예를 들어, 장식큰칼을 차고 있었다면 묻힌 이가 남성입니다. 천마총, 금관총, 금령총에서는 모두 인골이 확인되지 않았습니다. 경주의 토양은 매우 산성이어서 유해가 남지 않는 경우가 많습니다. 그에 비해 황남대총 남분의 경우 주인공 유해부에 60대 남성의 인골이 남아 있었고, 장식큰칼을 차고 있었다는 점이 피장자를 남성으로 보는 근거가 되고 있습니다. 따라서 마찬가지로 장식큰칼이 발견된 천마총도 주인공이 남성일 가능성이 높으며, 무덤의 규모와 함께 묻힌 유물로 보면 지증왕 등 신라의 왕으로 볼 여지가 상당합니다.

그렇다면 무덤 속 금관은 신라의 왕이 쓰던 왕관이었을까요? 이에 대해서는 연구자들 사이에 다양한 견해가 있는데, 왕관으로 보기도 하고 장례용품으로 보기도 합니다. 경주 시내의 일제 강점기에 일련번호를 부여받은 큰 무덤 155기 중 지금까지 발굴된 무덤은 약 20퍼센트 정도입니다. 일부만 발굴됐음에도 이미 5점의 금관이 나왔습니다. 무덤 전체를 조사하면 틀림없이 훨씬 더 많은 금관이 출토되리라 짐작할 수 있습니다. 지금까지 금관이 출토된 무덤은 5세기 후반

현재까지 발굴된 금관.

	발굴 연도	소장처	지정 문화재	구분
금관총 금관	1921년	국립중앙박물관	국보	
금령총 금관	1924년	국립중앙박물관	보물	어린아이
서봉총 금관	1926년	국립중앙박물관	보물	여성용
교동 금관	1969년(도굴)	국립경주박물관	-	어린아이
황남대총 금관	1974년	국립경주박물관	국보	여성용
천마총 금관	1973년	국립경주박물관	국보	남성용

부터 6세기 전반까지 100년도 되지 않는 아주 짧은 기간에 만들어진 무덤들입니다. 그런데 이 기간에 신라의 왕은 눌지왕, 자비왕, 소지왕, 지증왕 이렇게 4명뿐입니다. 현재까지 출토된 금관의 수가 이들 왕의 수보다 많다는 이야기입니다. 그렇다면 왕 이외의 다른 사람들의 무덤에도 금관을 묻어 주었다고 이해할 수 있습니다.

현재까지 발굴된 무덤별로 출토 유물을 분석해 보면, 무덤 주인공의 성별과 지위를 추정해 볼 수 있습니다.

먼저 금관총과 천마총에서는 금관모와 금관식, 금허리띠가 출토됐습니다. 금관총의 경우 정식 조사가 아니고 공사 도중에 유물이 출토된 것을 수습해서 정확하지 않지만, 피장자 허리 부위에서 장식큰칼이 출토됐을 가능성이 있습니다. 황남대총 북분과 서봉총 북분은 금관, 가슴걸이, 금허리띠를 착장하고 있지만 금관모, 관식을 가지고 있지 않고, 장식큰칼을 패용하지 않았습니다. 황남대총 북분은 왕릉으로 추정되는 황남대총 남분에 잇대어 축조됐고, 내부에서 '夫人帶(부인대)'라는 글자를 새긴 허리띠 끝장식이 출토됐으므로 왕비의 무덤일 것으로 생각됩니다. 서봉총 북분은 황남대총 북분과 큰 차이는 없으나 잇대어 축조된 서봉총 남분의 껴묻거리가 빈약한 점을 고려하면 왕족의 여성 무덤으로 추정됩니다. 금령총은 금관과 가슴걸이, 금허리띠, 장식큰칼을 소유하는 점은 천마총이나 금관총과 같지만, 금동관, 금관모, 관식이 없는 점은 황남대총 북분이나 서봉총 북분과 같습니다. 금령총은 출토 유물의 크기가 작고, 무덤 유해부의 장신구 출토 범위도 좁아 소년의 무덤으로 추정됩니다.

이를 통해 금관은 왕의 전유물이 아니며 왕족 특히

여성과 왕자까지도 소유할 수 있었음을 짐작할 수 있습니다. 그래서 아쉽게도 아직까지는 천마총이 누구의 능이라고 단정지어 말할 수 없습니다. 연구자들 사이에서는 514년에 세상을 뜬 지증왕으로 추정하는 사람도 있고, 무덤의 규모가 확실히 왕릉으로 추정되는 황남대총보다 작으므로 왕릉이 아니라고 보는 사람들도 있습니다.

나가는 말

천마총 금관은 신라 황금 문화를 대표하는 유물입니다. 그런데 금관은 신라 건국부터 멸망까지 내내 만들어져 사용되지는 않았습니다. 대체로 신라의 왕호가 마립간이었던 시기에 주로 제작되어 법흥왕이 다스리던 중고기 초까지 존재했습니다. 그 시대의 왕릉은 황금 유물만큼이나 시대적 특징이 뚜렷하게 드러나는데, 바로 돌무지 나무덧널 무덤입니다.

우리 학계에서는 오랫동안 돌무지 나무덧널 무덤의 형태와 신라 황금의 기원을 외부에서 찾아왔습니다. 심지어는 신라 왕족을 한반도 밖에서 온 기마 민족으로 보기도 했습니다. 그러나 근래까지의 발굴 및 연구 성과에 근거하여 추측해 보건대, 황금 문화는 주민 이주의 산물이라기보다 문화 교류의 산물일 공산이 커지고 있습니다. 그리고 우리가 지금 박물관에서 볼 수 있는 황금 유물들은 매우 신라적인 양식으로 재탄생된 것들임에 분명합니다.

경주 들판에 조성되던 돌무지 나무덧널 무덤들은 6세기 중엽에 가까워지면서 차츰 만들어지지 않게 됩니다. 이를 대신해서 경주 외곽 산등성이마다 돌방무덤이 만들어집니다. 돌방무덤은 돌로 넉넉한 공간의 무덤방을 만들고, 방에 들어가는 길과 출입문이 있는 구조입니다. 화려한 황금 장식 역시 비슷한 시점이 되면 더 이상 무덤에 묻히지 않게 됩니다. 아마도 신라의 중고기(23대 법흥왕~28대 진덕여왕)가 시작된 이후 머지않아 신라 사회가 급격한 변화를 겪게 된 것 같습니다. 국가에서도 사회 분위기를 일신하고자 했으며, 그 과정에서 돌무지 나무덧널 무덤과 각종 황금 장식이 차츰 사라지게 된 것으로 이해할 수 있습니다.

이처럼 지금도 경주 시내 곳곳에 마치 동산처럼 우뚝 우뚝 솟아 있는 돌무지 나무덧널 무덤, 그리고 천마총 금관으로 대표되는 황금 유물은 화석화된 존재가 아닙니다. 그것은 곧 마립간기 신라의 정치와 문화를 고스란히 담고 있는 타임캡슐이자, 현대에도 미래에도 여전한 생명력을 가지게 될 살아 있는 역사 그 자체라 할 수 있습니다.

*** 마립간**

마립간은 가장 으뜸인 '마루'와, 족장 또는 지배자를 뜻하는 '칸(Khan)'을 붙여 만든 신라 통치자의 칭호.

*** 돌무지 나무덧널 무덤**(적석목곽묘 積石木槨墓)

신라에서 400년부터 550년 사이에 유행한 무덤 구조다. 망자를 모신 나무널을 나무덧널에 넣고, 주변에 돌을 쌓은(적석) 후, 흙으로 봉분을 덮은 무덤을 총칭해 돌무지 나무덧널 무덤이라 한다.

*** 돌무지**(적석 積石)

나무덧널 주변에 쌓거나 채워 넣은 돌을 가리킨다.

*** 덧널**(곽 槨)

덧널은 곽이라고 하는데, 시신을 모신 널을 보호하고, 무덤 부장품을 보호하는 기능을 하는 시설이다. 재질에 따라 나무로 만들면 나무덧널, 돌로 만들면 돌덧널이라고 부른다.

*** 널**(관 棺)

원래는 망자의 유해를 무덤으로 옮기는 도구인데, 통상 망자의 시신을 담아 무덤 안에 넣는 구조물을 말한다. 나무로 만들면 나무널, 돌로 만들면 돌널로 부른다.

*** 봉분**(封墳) **조사**

망자가 묻혀 있는 무덤을 흙으로 덮은 것을 봉분이라 부른다. 현대 고고학에서는 이 봉분 조사를 과학적으로 해서 무덤 축조 과정을 복원한다. 신라 무덤 조사에서 매우 중요한 조사 방법이다.

* **껴묻거리** (부장품 副葬品)

신라인들을 비롯해 고대인은 죽어서도 살아 있는 모습과 동일하게 사후 세계에서 생활한다고 믿었기 때문에 생활 용기나 도구 들을 무덤 안에 함께 넣었다. 이러한 물건들을 껴묻거리라고 부른다.

* **관테** (대륜 臺輪)

신라 관은 머리띠에 솟은장식을 붙였는데, 이 띠 모양의 테를 관테라고 부른다,

* **솟은장식** (입식 立飾)

신라의 머리띠 모양 관에는 나뭇가지 모양 장식과 사슴뿔 모양 장식이 각각 3개와 2개씩 세워져 있는데, 이 장식을 솟은장식 또는 세움장식이라 부른다.

* **드리개** (수식 垂飾)

금관의 양옆에 마치 귀걸이처럼 길게 늘어뜨리는 장식이다. 귀걸이보다 길쭉한 점이 특징이다.

* **굽은옥** (곡옥 曲玉)

곡옥이라고도 부르는, 옥으로 만든 장식물이다. 쉼표 모양에 연결 도구를 넣을 수 있는 구멍이 뚫려 있다. 신라 장신구에서는 금관이나 금허리띠 장식, 귀걸이 등에 달려 있다.

＊ **달개**(영락 瓔珞)

신라의 관과 장신구에는 금판을 둥글게 또는 하트 모양으로 오려 내 구멍을 뚫고 금으로 만든 실로 연결해 붙이는데 이것을 달개라고 부른다.

＊ **금관과 금동관**

머리에 쓰는 관은 금속의 재질에 따라 다양하게 불린다. 그 가운데 소유자의 지위를 가장 잘 보여 주는 것이 금으로 만든 금관, 구리판 표면에 도금을 입힌 금동관이다.

＊ **피장자**

무덤에 묻힌 사람, 무덤 주인공을 일컫는 말.

＊ **연맹체 국가**

복수의 작은 나라들이 쟁패하다가 차츰 통합되어 큰 나라가 만들어졌을 때, 아직 집권 체제가 미성숙한 시점에는 작은 나라들의 자율성을 인정하게 되는데, 그 단계의 국가를 말한다.

＊ **영역 국가**

국왕 중심의 통치 체제가 갖추어져 각지에 지방관을 파견하여 세금을 거두는 등 국가의 권력이 국가의 모든 영역에 미치는 집권 국가를 말한다.

＊ **딸린덧널**

무덤 주인공이 사후 세계에서 사용할 용기나 도구를 넣어 주는 덧널. 주가 되는 으뜸덧널에 부가되는 시설이므로 딸린덧널로 부른다.

＊ **으뜸덧널**

덧널 중 무덤 주인공이 묻히는 덧널.

＊ **가슴걸이** (경흉식 頸胸飾)

신라 무덤에서 출토되는 목걸이는 목을 장식하는 것도 있지만 그것과 함께 배까지 내려오는 장식이 있는데, 이를 모두 아울러 가슴걸이 또는 경흉식이라고 부른다.

＊ **복식품**

옷의 꾸밈새를 의미하지만 역사적 개념으로 관복과 그 부품을 말한다. 신라 무덤에서 출토되는 관이나 띠장식 등은 옷과 세트를 이뤘다고 생각되기 때문에 복식 또는 복식품으로 해석된다.

＊ **장식큰칼** (장식대도 裝飾大刀)

신라에서 신분이 높은 사람은 일반적인 칼을 소유한 것이 아니라 칼 손잡이에 용이나 봉황 등을 장식한 칼을 가졌다. 이렇게 장식이 가미되고 재질도 금이나 금동으로 만든 칼을 장식큰칼 또는 장식대도라고 부른다.

＊ **금관모**

금으로 만든 고깔 모양의 관.

＊ **금관식**

금으로 만든 모자 모양의 관, 즉 금관모의 앞을 장식하는 것.

＊ **유해부**

무덤을 발굴할 때, 매장 후 오랜 시간이 지나 무덤 주인공의 인골이나 토양 흔적만 남아 있는데 이 부분을 유해부라고 부른다.

참고 문헌

- 국립경주문화재연구소, 2019, 《천마총 발굴조사의 기록》
- 국립경주박물관, 2014, 《천마, 다시 날다》
- 김병모, 1998, 《금관의 비밀》, 푸른역사
- 馬目順一, 1995, 〈慶州古新羅王族墓の立華飾附黃金製寶冠編年試論〉, 《古代探叢》 IV, 早稻田大學校 出版部
- 문화재연구소, 1974, 《천마총 발굴조사보고서》
- 박보현, 1986, 〈수지형입화식관 형식분류 시론〉, 《역사교육논집》 9, 경북대학교 역사교육과
- 이난영, 2000, 《한국 고대의 금속공예》, 서울대학교 출판부
- 이한상, 2004, 《황금의 나라 신라》, 김영사
- 최병현, 2021, 《신라 6부의 고분 연구》, 사회평론아카데미
- 함순섭, 2001, 〈고대관의 분류체계에 대한 고찰〉, 《고대연구》 8, 고대연구회
- 함순섭, 2012, 〈신라 수지형 대관의 전개과정 연구〉, 경북대학교 석사학위 논문

국립경주박물관 신라 문화유산 시리즈 ①

신라를 담은 타임캡슐
천마총 금관

1판 1쇄 발행 2023년 12월 15일
1판 2쇄 발행 2024년 5월 31일

기획 국립경주박물관
지은이 이한상

펴낸이 이민선, 이해진
편집 홍성광, 백선
디자인 박은정
일러스트 박태연
제작 호호히히주니 아빠
인쇄 신성토탈시스템

펴낸곳 틈새책방
등록 2016년 9월 29일 (제2023-000226호)
주소 10543 경기도 고양시 덕양구 으뜸로110, 힐스테이트 에코 덕은 오피스 102-1009
전화 02-6397-9452
팩스 02-6000-9452
홈페이지 www.teumsaebooks.com
인스타그램 @teumsaebooks
페이스북 www.facebook.com/teumsaebook
포스트 m.post.naver.com/teumsaebooks
유튜브 www.youtube.com/틈새책방
전자우편 teumsaebooks@gmail.com

ISBN 979-11-88949-55-7 03910